JN409111

울창한 숲 속 옹달샘

울창한 숲 속 옹달샘

시와창작

차례

| 축하의 글 |

글 신이 내린 듯 쓰신 시집을 읽으며…

제 고향인 충남 청양은 〈칠갑산〉이란 노래로 널리 알려져 누구나 아실 것입니다. 제가 어렸을 때 크게 아파서 몸져 누우면 흔히 우리 동네와 외떨어진 산골짜기에 홀로 사는 무당을 불러다가 경을 읽었습니다. 그런데 그 무당은 신이 내려서 몇 시간이나 계속되는 경문을 줄줄 외우고 또한 기막힌 점궤로 사람들을 놀라게 했습니다.

이번 시선집 〈울창한 숲 속 옹당샘〉을 펴내시는 홍순옥 시인은 그간 제가 주간으로 있는 종합문예 계간지 〈시와창작〉에 발표하는 작품들을 보면 제가 어린 시절 고향에서 본 무당처럼 마치 신들린 듯 수많은 시들을 쓰고 또한 각종 문학상 공모전에 응모하여 여기저기 휩쓸다시피 수상을 하시는 모습을 보면서 놀라고 감탄하기도 했습니다.

그리하여 이번 두 번째 시집으로 펴내는 〈울창한 숲 속 옹달샘〉은 현재 지구촌을 휩쓰는 코로나 팬데믹으로 온 인류가 고통 받는 엄중한 상황에서 홍순옥 님의 시는 독자 여러분에게 위로와 힐링을 선사할 귀한 시집으로 사랑받게 되리라 믿으면서 저도 기쁜 마음으로 읽고 뜨거운 축하를 드리는 바입니다.

오늘도/ 내일도 /행복한 마음// 괜찮아 괜찮아/ 쓰담 쓰담/ 안아주는 엄마// 세상이/ 밝아져라//

위의 시는 「시와창작」에서 동시로 등단한 시로 우리가 어렸을 때 배가 아프면 할머니가 배를 쓰다듬어 주시며 〈울 애기 배는 똥배! 할미 손은 약손!〉 하시던 주술같은 언어로 엄마의 사랑이 담긴 동시를 빚어냈기에 이런 글솜씨를 이면에 소개드립니다. 감사합니다.

이 은 집 (한국문인협회 소설분과 회장)

| 축하의 글 |

제2 시선집 출간을 축하드리며…

글을 생산하는 사람을 우리는 작가라 하고 그중 시를 생산하는 사람을 우리는 시인이라 한다. 즉 시인이란 시를 쓰는 것을 직업으로 삼는 사람을 말한다. 사실 시인이란 직책 또한 포괄적 개념으로 따져 직업 중의 하나이지만 오로지 시만 써서 먹고 사는 사람은 거의 없을 것이다. 왜냐하면 시는 쉽게 팔아먹을 수 있는 상품이 아닌 까닭이다. 그래서 대개의 시인들은 다른 직업을 갖고 있으면서 틈틈이 시를 써서 발표하거나 시집을 출간하는 것이 보통이다.

흔히들 시라는 것이 다른 문학 장르에 비해 대개 분량이 짧기 때문에 쉽게 생각하지만, 명함에 시인이라는 이름을 박으려면 출판사를 통해 시집을 발간하거나 신춘문예, 또는 문예지 등을 통해 등단을 해야 한다.

문학의 범위는 항상 논쟁거리가 있는 분야이고, 특히 시는 고전시가에서 현대시로 넘어오면서 정형성이 무너졌기에 그 정체성이 모호하여 어디까지가 시인지 딱 잘라 구분 짓기가 쉽지 않다. 한 줄짜리 글귀이던 장편소설만큼의 장대한 분량이건 한 편의 시라고 할 수 있다. 즉 시를 정의하는데 분량과 수준은 무관하다는 것이다. 이 때문에 시 창작을 만만하게 보는 경우가 많으나 좋은 시로 평가 받으려면 다양한 경험도 필요하고 특히 타고난 재능도 있어야 한다.

우리 홍순옥 시인은 맑은 영혼의 소유자이다. 그 점이 그녀가 앞으로 위대한 시인으로서의 괄목할 발전을 이뤄나갈 것이라 의심치 않으며, 향후 제3집, 제4집을 넘어 제20집... 제30집... 등등 지속적으로 발표함으로써 엄청난, 그리고 폭발적인 작품 활동을 하리라 기대해 본다.

우리의 홍순옥 시인, 만세! 만세!! 만만세!!!

김 영 찬 (월간 부산문학, 주간 부산문학신문 발행인)

| 머리 글 |

제2 시선집 '울창한 숲 속 옹달샘' 시집을 내면서…

예언서부터 신약성경 2고린 4장까지 복음 묵상편지를 카톡 3기거방에 자꾸 초대되어 만난 인연들과 열린 시 방을 하게 되어 아름다운 옹달샘 천국 방에서의 여러 가지 어긋남의 미학을 통하여 자기분화로 성숙되어가는 이야기 치유를 시로 나타내게 되었습니다. 그 중 한 편의 편지를 드리며 내용에 대한 개요를 드립니다.

시인 가연 홍순옥의 행복 묵상편지

질그릇에 담긴 보물(2고린 4장 10-15절) 묵상입니다.
4장 10 이렇게 우리는 언제나 예수의 죽음을 몸으로 경험하고 있지만 결국 드러나는 것은 예수의 생명이 우리 몸 안에 살고 있다는 사실입니다.
11 우리는 살아있는 동안 언제나 예수를 위해서 죽음의 위험을 겪고 있습니다.
그것은 우리의 죽을 몸에 예수의 생명이 살아있음을 드러내려는 것입니다.
12 이리하여 우리 속에서는 죽음이 설치고 여러분 속에서는 생명이 약동하고 있습니다.
13 "나는 믿었다. 그러므로 나는 말하였다."라는 말씀이 성서에

기록되어 있습니다. 우리도 이와 똑같은 믿음의 정신을 가지고 믿고 또 말합니다.
14 그것은 주 예수를 다시 살리신 분이 예수와 함께 우리도 다시 살리시고 여러분과 함께 우리를 그분 곁에 앉히시리라는 것을 잘 알고 있기 때문입니다.
15 이것은 모두 여러분을 위한 것으로서 더 많은 사람들이 하느님의 은총을 받고 감사하는 마음이 넘쳐서 하느님께 영광이 되게 하려는 것입니다.

믿음이 없는 사람에게는 죽음이 모든 끝이다. 그러나 믿음을 가지고 예수를 따라서 예수처럼 살아가는 사람에게는 죽음이 생명적 차원으로 건너감이다.(해설판 공동번역)

우리의 죽음을 예수와 함께 다시 살리신다고 합니다. 비록 고통이 와도 더 좋은 것 주시려고 허락하심을 믿는 것이랍니다^^
행복은 멀리 있는 것이 아니라 감사하는 데 있습니다.
가족에 대한 추억은 아름다움입니다. 사랑가를 불러 주시던 친정아버지, 통이 커서 친정 8형제나 벌어 먹여 살렸다는 친정어머니, 때만 되면 해독 쥬스, 귤, 토마토, 곰국, 딸기 등 먹고 싶다 생각하면 벌써 대문 앞에 갖다놓은 언니천사, 6년근 홍삼을 선물하는 조카, 전생에 나라를 구했는지 이런 말을 하는 분들의 3대 목사 집안의 막내, 기쁨의 행복입니다. 시인만 하려했다가 시어머님과 남편을 세상에 남기려고 수필을 썼어요. 그리고 왕족 조카 2명이 4급 공무원입니다. 서울대학교에 대학원에 우등졸업장을 받았으니 화가 이중섭의 피가 흐르는 천재 집안입니다. 누구를 위하여 종은 울리는지 고비고비 남들이 보면 웃음천사인데 속을 알 수 없는 박해와 인고의 세월, 40년 성경공부, 음악선교사, 묵상으로 이끄심에 깊이 감사를 드립니다. 언제나 삶의 동행으로 섬김, 지금 여기서 깨어 거듭나는 깨달음의 행복을 누리시면 좋겠습니다.

다음에는 질그릇에 담긴 보물(2고린 5장 1-10절) 묵상입니다.
(-조심하여라! 내가 너희와 함께하리라 하시니)
오늘도 승리하셔요. 사랑하고 존경합니다.
+성부와 성자와 성령의 이름으로 축복합니다.

시인 가연 홍 순 옥 (옹달샘문학 도서출판 옹달샘 이사장)

홍순옥

시선집 제2집

울창한 숲 속 옹달샘

달빛 보며

은은한 달빛을 보며
기나긴 지난 세월
삶을 밝혀주신 어머니
저 달 보고 빌었네

내 고향
네온싸인을 바라보는 마음
저 멀리서 고향 그리는
그 마음일까

어머니
웃음소리 들리는
그 옛날 집으로
돌아가고 싶어라

그대

긴 세월 인내한
비상
이제 날아요

누구를 위한 일인가
스스로
존재 가치를 넘어
모두를 위하여

죽어서 살리라
죽으면 죽으리라

한번 높이 날아요
그대

아버지

아버지는 그랬지
힘이 장수라
-하루아침 서른마지기 다 해내어

조방터
못 된 사람
다 쫓아내는 차력사

3기거 방 지워도 아침이면
초대되어 있어
딸롱이 홈 화면 막아 놓아

불편하기도 하지만
주어진 시간 안에 늘 부족해
아버지 위하여 종은 울리는지

알 수가 없는 인생
엄마는 그랬지
너거 아버지 오늘은 무슨 일 하고 오나

아픈 사람 지압해 주고
아기 못 낳는 사람에게 뭐 정신물
-아비지 정신물이 뭐예요

막힌 데가 많으면 아기를 못 낳지
기혈을 눌러주고
사이다에 흑설탕하고 약초

가마솥에 펄펄 넘치도록 끓여서

아픈 사람 갖다 주는 일 하고
아프다면 해결사 닮았나 봐

그 핏줄 어디 가나
6년이란 세월에 하도 구마기도
한쪽으로 치우쳐 욕하면

6하원칙에 의해
욕하지 말고 글로 쓰라고
하 바른 소리하고 살아

선생까지 하다보니
아버지 생각 많이 나요
한번만 속고

두번 속으면 안 된다는
그렇게나 말하시더니
얼마나 속으셨으면

그렇게 말하셨나
늘 말씀하셨지
보림극장 뒤 3층 양옥집
우리집 좋았다고

한 맺힌 오빠는
말했네
부모님 모실 아내랑 살아야 한다

무엇이 오빠를 죽게 했을까
이번 해엔

기도 제목 친정 가족 해야겠네

3대 목사 핏줄 이어서
세세대대
목사 집안 되게 결혼 해

아들 딸 잘 낳아
행복하게 잘 살게 해야 하는
우리나라 되기

결혼하고 싶게 만드는
우리나라
좋은 나라 되었으면

친정 아버지
물을 아껴 용왕국 가신다고
죽어서 용왕국은 가셨나

심봉사 눈 뜨듯 올라가면 호의호식
우리나라 정치는
언제쯤 눈 뜨나

심봉사 눈을 뜨는 데
얼쑤
어깨 장단 따라 해 본다

아버지
사랑하는 맘
변치 말고 가야죠

입춘

봄이 온다고
동지와 우수사이
대한민국의 절기

우리의 선조는 달력이 없어도
스마트폰이 없어도
나무 해 달 자연을 보고
씨뿌릴 때

나침반이 없어도
방향을 알았지
장영실 천재를 알아 본
세종대왕

과학 기술을 장려하였지
이제 스마트폰 하나
암 물질 나온다고 하는데

면역 떨어져
톡 쳐도 화를 내는
기이한 현상

돈 버느라 다 버려둔
우리의 2세들 어울려 왕따 시키거나
죽어라 공부하던

그때가 나았나
머리가
너무 비상해

행복한 동행

사람의 마음은 갈대
언제나 변치 않는 물의 흐름
칭찬하면 다가오고
꾸중하면 멀어지는
어린아이

다칠세라
말해 주어도
당해보지 않으면 모르니
누구를 위하여 준다는 것
긴 기다림

치유와 화해의 아픈 마음
이야기해야 알 수가 있어
내어놓고 내어놓아
한 맺힌 그 점을
풀어 놓아야

시작을 하는 거지
사랑이 거부당한 순간
종소리
아팠던 기억의 어루만지는
들어줌으로써 회복

봄의 기운

봄은 그렇게 온다
추위에 웅크린 어깨를 펴고
움직이기 싫은 굳은 마음을 열고
자꾸 손짓하는 들꽃의 손길에
기뻐하며 추억 속으로 간다

집이 가난하여 우등생으로
보내 준다는 선생님의 배려에도
눈물 삼키며
봉지에 칼을 들고 산나물 켜느라
산을 돌던 루시아 자매님

덕분에 따라 장마를 켜러 가 물에 담그고 먹는 줄 모르고
그냥 먹어
배탈 나서 죽을 뻔한 또 다른 이름 남편
살면서 그렇게 구비구비
위해 준다는 게
옆에 있어 주지 못해 힘겹게 한 봄

여인의 계절
해야 할 일이 있으면 하느라
시간 가는 줄 몰라
–세실리아 그만 가자

산이 그냥 하나 되어 잊어버린다

학교 2시 집단상담 가느라
그 680m 정상에서 30분 만에 두둑두둑 내려오다
뒷걸음 걷는 것을 보고
왜 그러냐 하니
–무릎 안 아프다
이렇게 그 나이 넘어져 무릎 아픈 나이

–세실리아
키가 컸다
1cm 늘었다
내려오며 거꾸로 누워 윗몸 일으키기 20번
–그것 왜 해요.
–시원하다

다 이해되려면 지나봐야 안다
그렇게 사는가 보다
웃으며 즐기며 사는
지금이 봄인 줄 깨닫고
살아가는 일이 누구에게나 있기를

|하이쿠시| 웃음꽃

월계관같이
굳은 바위 속에서
환호의 미소

|하이쿠시| 섬김

인연의 고리
소나무처럼 기도
각성되리라

|하이쿠시| 그리움

눈은 내리고
그대 향하는 마음
사다리 올라

웃음

누구를 위한 삶인가요
돈도 들지 않고
남을 살리는 기술

정말로 사랑하나요
솔직한가요
영적인 도전이 있나요

웃음은
단순한 기분이 아닌 세계관
관계 건축가

결점을 보여 줄 수 있을 때
건강한 사람
열등감이 없어야

조건이 없어요
있는 그대로
보여줄 때

존중하는 사람들에게만 있는
파안대소
실컷 웃어요

임의 시인

그 아름다운 이름
월계관을 씌운 사랑
누군가의 아픔을
대신하는 길

누가 나를 위하여
총칼을 들고 싸워줄 것인가
잔인한 4월
무자비한 6월
해산의 고통을 끝낸 8월의 함성

누구나 그리워하는 6월
고향으로의 회귀 9월
모든 것을 극복하고
다시 새롭게 시작하는

옹달샘문학 10월
중요한 날은 다 있는 11월
이중의 야누스의 얼굴 12월
누가 나를 불행하다고 하는가

행복은
스스로의 만족에 있는 것

그런 시인의 소명을 주심에
껑충 뛰어 안기는 연인이 된다

사랑을 받아
언제나 따뜻한 존재인 성탄절기에
같이 태어나
행복한 존재의 삶

40년 기도의 결실이 일어나는 지금
예수님 사랑 세상에 외쳐
–you remain in me!
–무엇이든 믿는 대로 되리라

새봄 마중

하얀 꽃초롱 들고
그대를 마중 갑니다
초록을 사모하여 고개 숙이며
닮으려 점 찍었습니다
오늘은 소중한 날
늘 오래오래 행복할 거예요
나는 당신의 짝
오늘이 늘 새로 태어난 것처럼
함께 할 것입니다
비록 들을 수 없고
볼 수 없어도
저는 알 수 있어요
한 점에 내 모든 것을 걸어
당신을 증거할 것입니다.
점은 봉사의 순간입니다

행복 편지

남은 삶을 세며 사는 사람은
억울, 우울했다 화가 나고
달관해서 받아들인다
기도를 한다

세상에 남기려고 책을 보내고
훌륭한 제자가 무덤가에 와서
꽃을 바치면 부활하지

누구를 위한 노력인가
자신을 위해서 인가
모두를 위하는 진선미 자체

하던 일을 멈추고
이렇게 이렇게 가버린 시간 속의
행복편지를 쓰며
하루해가 가고 있다

시작이 반이고
반이나 남은 시간을 즐길 것인지
반밖에 남지 않은 후회의 조각으로

누구를 위하여 존재할 일이거나
삶이 진행되는지
감사로 사이좋게 살 것인지
결점을 끄집어내어

투정을 부리며
찡그린 못난이 인형이 될지
웃고 있는 마스코트의 해방이 될지

신이 늘 준비한 대로
지금 여기에 깨어
행복을 누리자

|삼행시| 행복 편지

행복은 파랑새 쫓아 산 너머 멀리 가본 뒤
복은 바로 옆에 있다는 것을 아네
편지를 7년째 쓰다 보니 누구나 아파
  조금씩 정성 쏟아 주님 깨우치기 중
지금 여기 깨어 있어야 늘 평온해

|삼행시| 그 마음

그리운
마음이 꽃으로 피어나
향기 전하는 사람이 되어

영원으로 가는 길목
함께 한다면
사랑이다

행복

그 분의 음성을 들으러
고요한 성전에
누구도 들어올 수 없는

이곳에서
세상이 나누어진 연결고리를
찾는다

범람하는 홍수 속에
수영을 잘 하려면 성경적으로
살기 이다

목숨은 하나
목숨 바쳐 사랑하신 그 분의
길을 따라 사는 일이다

새가 집 짓는 것을 보며

긴 풀을 입으로 잘라
가지 끝에 매듭을 하고
집을 짓기 시작한다.

세상에 마음 붙일 곳 없는
팔 다리가 없는 닉은
수영도 잘하고
입으로 무엇이든 잘 한다

엎드려 있을 때
걱정하지 말라며
일어서면 된다고
조금씩 앞으로 나아가
책을 이마로 의지하고 일어서듯이

새는 그렇게 한 땀 한 땀
수 놓듯이
동글동글 이어서
새집을 짓는다

소녀는 강의를 들으며
감격으로 눈물을 흘리고

잔디 위를 걷다가
풀꽃을 밟을까 비켜가며
걷다가

상처 받은 영혼
상처를 주면서
상처가 크다고
새벽부터 속 끓인 것들이
업장소멸이라면

죄 있는 사람은 저 여인을 돌로 쳐라
하셨던 예수님 생각을 한다

한낱 미물도
세세대대 잇기 위해
저렇게 집을 짓는데

마음속 악을 몰아내는데
사람은 얼마나
노력을 기울이고 있는지

아우성치다 죽어가는 것은 아닐까
매일 활기차게
살아가야 한다

무에서 유를 창조해내는 마음으로
하나의 줄기를
손도 없는데
해내는 열정으로

가을 하늘같은 어머니

밝아서
맑아서 파란 보자기
펴놓은 듯
감싸는 어머니의 망또

두 손 모으고
늘 이끌어 주는
어머니의 눈물의 기도

아직 때가 되지도 않았는데
-그가 시키는 대로 하여라
중요한 때에
가장 알맞은 방법으로
도와주시는
어머니

오월보다
더 아름다운 하늘 속
손짓할지 모르는
하늘을 보며
어머니를 바라봅니다

중요한 줄 모르고
필요할 때
그저 저 뒤에 숨어
곰곰이 생각하며
십자가 지신 예수님
아픔을 함께
바라보는 쓰린 마음

잊어버린 어머니의
다정한 눈빛
그 사랑
천둥번개 바람 후 나타난
오늘 비개인 오후
하늘 안에서
잊어버린
어머니를 뵈어요

늘 함께하는
그 분을 닮은
티 없으신 마음
하늘 향해 두 팔을 흔들며

역경

겨울의 추위와 시련이 있었기에
봄날의 따뜻함이 더욱 고맙고
넘치는 파도를 헤쳐 나와 빛나지요

기쁨은 아무나 얻는 것이 아니라
악과의 싸움에서 승리하는 사람이
선물의 특권으로 바닥을 딛는 시작점

누가 가는가

낮은 자의 하루가 갑니다.
아무도 편히 지낼 수 없는 공간에도
하루가 가고
넘쳐서 주체할 수 없는
외로움의 시간에도
붉게 물드는 아픔도 가는 호수
아름다운 달이 떠오르기를

노 저어가기

하루를 관통하는
긴 햇살이
가고

청춘이 저무는
일몰의 아름다움
바라본다

노 젓는 이
추억 안고
어디로 가나

사랑을 위하여
죽을 목숨도 넘기며
치열하게 가는가

남은 온기로
마지막을 태우는
나 닮은 너

눈물 짓는
청춘의
부지런한 손놀림

아름다운
그 한때로
되돌아가고 싶어라.

이제는

푸른 초장에 누워서
하늘 보면 예쁘다

금방 계절이 가고
시린 겨울이 올지라도
추억으로 행복하리

사라진 아름다움도
마음에 남아
오래도록 꽃을 피우리

노랗게 멍든 마음도
안아 주고
쓰린 고통도 함께 하리.

벽돌을 쌓는 마음

크게 잘 살고 싶어
상류사회 계층 간 이동을 꿈꾸는 그
조용히 사무를 보기에는
더 큰 사업을 꿈꾸고
새로운 일을 추구하고
그는 붉은 벽돌에 오해의 사슬에
갇히게 되고 은총 비를 받은 후
달리는 고속도로 위에서 생명을 다해

두 아들은 술 먹는 아버지처럼
살기 싫어
대기업 들어갔으나 술 권유 피하여
평범한 삶의 길을 갈 수 없어
큰 아들은 이민을 가고
정착 위해
원하는 길에 도달하려
자녀도 못 가져
한 아들은 완고하게
주님의 길을 택하지

우리의 삶 속에
몇 명이나 오르는데 대한

굴레 속에서 벗어나
선한 영향력 안에
있을 수 있나

유물로 남은
따뜻한 부모들의 이야기
따뜻한 품을 내어주지 못한
가족에 대한 회의
두 줄 그으며 후회해도 이미 늦이

공부를 하고
자격증이 많이 생기고
모든 이를 위해주는 삶
오늘보다 나은 내일이 되기 위해
노력해 가는 마음

그것만이 영원으로 남는다는 유언
그 삶 속으로의 여행

복수초

산등성이
봄을 알리는 너는

추운 한파를 이기고
환하게 웃으니

양귀비보다 더
매혹적인 설레임이다

칭찬

인생 전체가 오는 미소
불안으로 흔들리는 영혼을 잠재우고
마음 속 어린 아이를 키워
부정을 긍정의 힘으로 나아가게 하니
너와 나의 소통이며
앞으로 나아갈 수 있는 힘이다

소통

눈물로 씨 뿌리면
그 길 끝엔
사랑이 남는다

제 때에 알맞은 물
영양 풍부한 흙
바람의 화음

햇볕의 유혹
서로 어우러져
만드는 행복

돌밭 고르고
가시밭 갈고
백 배 열매 맺는
옥토같은 마음 밭

아스라이 먼
어릴 적으로 거슬러
되돌아가

사랑 받지 못한
시절을
어루만져 준다

위로

물위를 걷는 발자국
고통 속을 업어서 함께 가는
막막히 떠도는
저 바람 속의 집

꽃이 있어 의지가 되고
그림이 있어 행복이 된다
보랏빛 비가 내려요

촉촉한 바람이
시원하게 젖어 들어요

누구에게나 있는 사랑
누구에게나 있는 아픔
누구에게나 있는 상처

다 내려놓고
다정히 걸어가다 보면
보이는 희망

죽었다
다시 살아나
함께 살아가는
그분의 성심을 아는 것

인연

행복은 만족하는 것
어지러운 삶에 햇살 주고
주고 또 준다

꽃보다 예쁜
너를 통해
아픔도 가고
슬픔도 가고

함께 하게 되는 치유
껴안아 살리는 목숨 같은
나와 너의 만남

참회

세월 속에서
아픔 지울 추억
길어 올린다

필요에 의해
움직여지는 사랑

그 헤엄치기를 벗어나
비우고 또 비운다

깊은 숨 쉬며
거닐다 보면
길을 열어

마침내
하나가 되는
집중의 시간

눈꽃

순수
저마다 가진 아픔
다 묻어버리고
다시 시작하라고 해

좋은 기억
고마운 마음의 꽃송이
한 아름 안고
눈사람을 만들자

영원한 마음 속
마스코트
힘들 때 꺼내볼 수 있는
웃음이 사라지지 않게

관계의 미학
사랑이 아프지 않게 웃을 수 있도록
눈이

꽃송이로
 내
 리
 네

|삼행시| 야경

야경은 힘든 도시의 꽃이다
　부지런한 삶의 무지개
경이로운 삶의 공부에 빛나는 꽃
　눈을 뜨는 삶이어야 하리
송이송이 깨달음의 꽃을 전해주는
　공부하는 영혼은
　아무도 빼앗아 갈 수 없는 기쁨
　누려요

행복 편지

조용히 마주보고 마음을 바라보면
어느새 고요하여 살아갈 힘을 얻네
누구랴 태평세월에 살고 싶지 않겠나

푸른 순교

미워하는 사람
싫어하는 사람이
따지고 들더라도
화내지 않고
조용히 받아서
물처럼
바람처럼
존재하고 간다면 좋겠다

내 마음이 흔들리고
깨달음의 길에서 벗어나
오욕의 길로 가더라도
진실로
바른 길 가는 도구로 잠시
써진다면
그것으로 족하지

누군가에게는
존재 자체가 위안이 되고
한 순간의 만남이
전 생 자체를 흔들어
불꽃으로 살게 하고

누군가에겐
없었으면 하는 순간이 되더라도
비우고

용서하는 행복이 된다면

행운이 열렸구나
너, 이스라엘아
너 같은 행운아가 어디 또 있겠느냐?

너를 도와주시는 방패,
너의 영광스러운 칼
야훼여호와께서 도와주시는 백성아,
굽실거리는 원수의 등을 내가 마구 짓밟으리라

태곳적부터 계시는
너의 하느님
너의 피난처
당신의 영원한 팔을
아래로 뻗으시고
네 앞에서 원수를 몰아내시며
–진멸하라 하고 외치신다.
이스라엘은 태평성세를 누리며
야곱의 샘에는
아무도 근접하지 못하리라
오곡과 술이 나는 땅에는
그 위의 하늘이
이슬비를 내려 주리라

고마운 삶의 긴 행로에
영광이 있으리니
작은 흔들림에
끄덕하지 않는 바위

지극한 사랑의 길에
하나가 되는 옹달샘 되리

누가 그 길을 막으리
누가 하나가 되는
아름다운 그 길을

야훼의 그룹이 나를 감싸고
지켜 주리니
한 번에 한 가지씩
주어진 사랑을 완수해 가리라
누구의 질시와
누구의 방해에도
비록 십자가 지는 고통이
오더라도

푸른 순교의
작은 옹달샘
함께
가
리
라

|삼행시| 삼일절 대보름 진달래

삼삼오오 모여서 나라를 위하여 한 마음
일본에 대항하여 대한 독립 만세 외치기 저
절로 합하여 독립을 이룬 위대한 민족

대한독립 만세
보듬어안아 일치를 이룬 나날들 나
름 건강을 지키려고 많이 대보름 오곡밥
　　한 분들은 가난한 이들과 나누고
진짜 진달래꽃을 빨아먹으며
　　소나무 송진을 먹으며 일군 부모님!
달래 냉이 무쳐먹고 우리 땅 음식은
　　진시황제가 불로초를 구하러 보낸
　　우리나라 사포닌 도라지 홍삼 등 본 민들
레 달맞이꽃 등 참 예쁜 꽃이 피기
　　전 약초 되니 잘 드셔서 세계 1등 위해
　　선한 영향력 부탁드려요.
　　우리의 지도자님
　　돈 준다고 꼬이지 말고 지혜 더 하소서

|삼행시| 그리움

그렇게 연구하셔서 고맙습니다
리리 리자로 끝나는 말은 피리
　피리를 부셔요
　풀피리 휘파람소리
　못한다 마시고
움트는 새싹의 기운을 느껴 보세요
　마음으로 술 안 먹고
　담배 안 태우고도
　여성 생각을 하지 않고
　행복해 집니다
　마음이 흔들리고
　정신도 흔들린다는 글 잘 쓰는 시인
　말고
　치유해주는 사람이 됩니다
　나르시스트 되지 마시고
　배려하고
　공감하며
　1등 대한민국 되는 그리운 그날까지
　함께 하셔요

하얀 도화지

어린 아이는
그대로 흡수하니
화를 내는 그대로 보고 배워

애 어른되어 대신 화를 내다
역기능 가정의 고리를 끊으려면
딱 한 명만 바로서면 돼

소통하는 사랑을 심어주는
대화의 아버지
이야기해 주는 어머니 중

-화를 내서 미안하다
권위 내세우지 않는 대화
합리적으로 지혜롭게 자라는 하얀 색 도화지

해 뜨는 곳에서 해 지는 데까지

바위 배 비 저녁 노을
단풍 달빛 눈 소나무 종소리
규칙적 생활의 최고의 경지
어느 정도까지만 만족하는 것
허구로 못 이룰 일이 없다는
두통이 사라지는 세상
튼튼한 감정에 책임지는 것
멋진 것을 해내는 것을
스스로는 모르는
깨어지지 않는 순수
명확한 참 개구리
그는 늘 바른 길 가는 자 사랑하지
가혹한 일은 더 이상
하게 하진 않으시겠지
배반의 역사가 인간의 길이어도
해 뜨는 곳에서 해 지는 데까지
편지를 전해야겠지
그날이 올 때까지

눈 오는 새벽

눈이 내리네
새벽은 삶을 깨우고
오늘을 여니

항상
기뻐하는 사람을 위하여
열려 있다

새벽에 해야 할 일을 못해
마무리로 나온 덕에
벽두새벽에 사진을 찍으며
이렇게 아름다운 하늘을
누가 나에게 주었을까
싹 사라지는 고통

시인의 소명

시를 사랑하는 일은
삶을 사랑하는 일이다
삶의 질곡 속에서 벗어나는 길은
글을 쓰는 일이다

이성으로는 용서하고
받아들여져도
마음 속의 어린 아이는
슬퍼하는 단추가 있다

소통하며
예쁜 풀밭을 걸으며
바람과 대화하다 보면
어느새 노란 꽃들에 동화되어
기쁨이 가득 찬다

힘든 분
외로운 분
열망이 있는 분은
시인으로 거듭 나소서

|동시| 별꽃

뒷 뜰에 핀
하이얀 별꽃
함께 가고픈
친구들과 모여
땅의 별이 되어요

봄바람이 다가와
사랑사랑 속삭여요

뒷 뜰에 예쁜 아기 별꽃
함께 놀고파
별 친구되어요

봄바람이 살랑살랑
언 땅을 안아주면
새록새록 잠들어도
반짝거려요

|동시| 철새

수평선 저 너머
불타는 하늘가에
바다도 하늘처럼
붉은 물이 드는데

앞서거니 뒷 서거니
노래를 하면서
사이좋게 여행하는
철새 가족들
먼 나라 다녀오마
인사하나 봐

|동시| 연 날리기

삼태극 연 만들어
하늘로 날린다

호기심의 바람 타고
떠오른다

하늘에서 춤추며
연은 우뚝 서 있다

호기심 천국
힘차게 꿈을 날린다

|동시| 물 위로 가는 해

예쁜 선물은
희망이 눈 속에
물이 들어요

저 멀리 보였다
꼬옥 숨는

빠알갛게 불타는
해의 노래에

밝게 걷고 있는
발걸음

|동시| 쓰담쓰담

오늘도
내일도
행복한 마음

괜찮아 괜찮아
쓰담쓰담
안아주는 엄마

세상이
밝아져라

날마다 기쁜 일

농사는 모든 것의 근본
업을 없애는 방법이 땀을 흘리는 것
인술을 베푸는 것은 기쁨이요

보듬어 안아가는 것은 행복이요
행복한 기쁨을 주는 일
자신만을 위하여 살지 않고

눈으로 말하는 행복
의심치 않고 믿어주는 마음
날마다 기쁜 일의 연속은 오직

초록의 숨결

초록 눈빛으로
자연의 합창을 본다

보리가 익어 고개들 때
가난을 이기려고 몸부림쳤던
그 보리고개의 배고픔

고생하신 할아버지 세대에게
고마워하는
새싹들이 가득하길 빈다

바닷가에서

처얼썩 쏴아
파도가 밀려오면
가슴 뛰는 햇살 아래
추억 반짝 반짝

고향 바다 떠올리며
오늘도
넉넉한 마음으로
되돌아간다

사람들은 왜 모를까

인생이 길지 않고 짧다는 것을
사람들은 왜 모를까

다정하게 해 주는 것이
황금보다 귀하다는 것을

깊이 간직한 사연
자꾸만 위해주는 따뜻한 보답으로
운명같은 행복이 오는 것을

|삼행시| 감사하며 나아가자

마 이렇게 힘든 날은 처음 아닌가
라 라 라 라 랄라라 감사기도 드리고
도대체 자기 자랑 밖에 안하는

가 가당찮다
파란만장한 이야기들
도저히 참아 볼 수 없이

이리 감사할 줄 모르고
어찌 이리 배은망덕한 사람들이 많은지
도대체 동방예의지국을 어찌 살릴까요

송송 지나가는 세월 속에 제발 질투하지
  말고 욕망에 사로잡히지 말고
년년히 이어온 귀한 깨달음으로
회생하게 공부를 많이 하입시더

성서러운 기운이 마음 안에 퍼져서
탄생의 기쁨을 알리고
절대로 악에 굴복하지 말고 양심을 주신
  분의 뜻대로 소명을 따라 살아가요

임의 전 생애를 따르는 우리는
인심 좋고 배려하며 공감하고
년연이 이어온 나눔 두레 품앗이
  정신으로 세계 1등 국가 되어요
  부탁드려요

열정

열정적인 박수 쳐 보셨나요
그 분의 사랑이 너무 좋아
따르고 싶어 무조건 감사의 박수를
쳐요

정이 많고 아름다운 대한민국
아무리
일본 중국이 우리를 침범해도
우리는 동방예의지국 입니다

주 하느님의 직계가족
하느님의 아들이 웅녀가
낳았다는 단군의 후손
100년의 미국이 이해 할 수 없는
백의의 민족

헤세 바르택이 100년 후
대한민국은 세계 1등 국가가 되어
있으리 예언했던 대로

사랑으로 하나 될 거예요
40년 성경공부와 기도의 결과로 느낄 수 있는
대한민국의 서울은 전 세계의 서울이 될 것입니다.

|작사·작곡|

당신을 사랑합니다

당신의 모든 것에 향기 있어요
당신의 작은 열정 눈빛
하나하나 향기 풍겨
나의 마음에 전해져 와요
나에게 있는 모든 것을 다하여
당신을 사랑합니다
사랑합니다
사랑합니다

(후렴)

나에게 있는 것을 다하여
당신을 사랑합니다
이 세상 모든 것을 다하여
당신을 사랑합니다

어떤 꽃꽃이 보다 아름다워라

다소곳이 열린 듯 말듯
하늘 향해 속삭이네
알맞은 속도의 사랑이 오면
나비처럼 춤출레라

짙은 초록의 받침이
이렇게 화려하고
노래하듯이 화음을 받쳐주니
하나 둘 피어나는 아름다움

아 누가 이렇게
빛나게 균형을 맞출까
함께 어우러져 소품처럼
조그맣게 숨 죽이리

그리움2

그렇게 연구하셔서 고맙습니다
리리 리자로 끝나는 말은 피리
 피리를 부셔요
 풀피리 휘파람소리
 못한다 마시고
움트는 새싹의 기운을 느껴 보세요
 마음으로 술 안먹고
 담배 안태우고도
 이성 생각을 하지 않고
 행복해 집니다
 마음이 흔들리고
 정신도 흔들린다는 글 잘쓰는 시인
 말고
 치유해 주는 사람이 됩니다
 나르시스트 되지 마시고
 배려하고
 공감하며
 1등 대한민국 되는 그리운 그날까지
 함께 하셔요

봄같은 인연

봄은 바라 봄
새싹이 나는 봄
같은 봄과 자기 분화되어 밝음을
Lux로 표현하는 완성
은 의심 없이 질투 없이 스스로 이끌어 감
인 사랑 그 자체여서 모두 이기는 인
연을 말한다

해는 가고

어둠이 내리기 시작하면
붉은 핏빛 사랑
산 위에 걸려
회색빛 아쉬움을 남긴다

눈은 내리고
세상은 순백의 색으로
빛나는데
열정의 마음은 가고
상처로 얼룩진 회환

행복 샘물

삶
그렇게 온다
영원을 통하는 물로
얼마나 화려한 빛인가

삶의 무지개
살아도 살아도 알 수 없는
깊은 말의
상처 속에서 피는 꽃

누구는 그 말에 넘어져
목숨을 잃고
스스로
깨닫는 자 되기도 하지

많고 많은 말들
천금 말씨로 다 변해라
사랑 받지 못한 원죄인가
사랑을 거부한 원죄

누구를 위한
모두를 사랑하는
한 순간의 선택인가
사람이 만들고
사람이 이어가는 공

감정의 색깔
다지어 씨앗이 되어
거두어 가꾸는
깨달음으로 부활하길

양귀비보다도 붉은 사랑

아름답다는 것은
사랑입니다
끊임없이 바로 보는
열정입니다

육체의 보약은
웃음과 사랑
마음의 보약은
사랑과 지지

지지해 주는 따뜻함의
누군가가
곁에 있어 주어야 합니다

어떤 말과 행동을 해도
이끌어 주며 인정해 주고
엄마처럼 보호해 주는
푸른 순교의 사랑

서두르지 말고
천천히 느리게
걷고 있다 보면
목적지에 다다르게 됩니다

꿈을 밀고 가는 수레바퀴에
희망의 심장이 힘이며
긍정의 하루입니다

|삼행시| 새해에는

새해에는 더욱 영리해 졌으면 좋겠다
해바라기처럼 해를 바라보며
에누리 없는 삶에
는 어떤 행복이 있는지

내가 한번 봐야겠다
가수가 나을지
너를 계속 잘 되게 해 주는 일이 나은지
의미있는 시간들을 일구어 나가야지
이
름을 불러 주었을 때 나에게로 와서 꽃
을 바치는 일을 하여
부자로 거듭나서
르노와르 화가의 주인공이 춤추는 것처럼
　　시인의
면류관 쓰고 모든 사람들에게 나누어 주는
　　사랑 가득한 나날이면 좋겠다.
　　돈보다 더 나은 삶이 있다고 느끼도록

나아가는 여행

무엇이 위하는 길인가
매일의 반복으로
수행하는
새로운 나날이
하늘에서 내려오는 것

산수유 그늘아래
오래 머물고 싶다
무엇을 향해 나아가고 있는지
제자리에 머물고 싶다

거짓으로 포장된 현대인
목에 힘들어간 것은
외로워 그런 것이다

누가 알아주기를 바래서
힘주고 있는
불쌍한 영혼의 굴레
나는 너에게
너는 나에게
한 사람의 의미가 되는
노랗고 순수한 순간이 되길

멋진 부활

어두움을 뚫고
새 생명을 내는 새순처럼
어둔 동굴을 지난 햇살처럼
문 앞에서 문안으로 들어가는
우리

죽음에서 부활한 우리 마음
목숨 바쳐 사랑을 주시는
양심 속의 주님을 깨닫는
예수님의 사랑

길이요 진리요 생명이라
그분을 거치지 않고는
아무도
아버지께 갈 수 없어

이 글을 보는 모든 이와
대한민국이 거듭나고
세계가 거듭나서
자신을 위하기만 하는

모든 이기심이 사라지고
진짜 자기의 모습으로 돌아오는
그 깨닫는 순간의
은총을 청하오며

입으로
사랑하지 않고 마음으로
온전히 사랑해요

참선

어디로 와서 어디로 가는가
하늘의 열림 호흡 열번
뱅글뱅글 생선 배
풍선 힘 빼기

깨달음의 싹 호흡 열 번
콩닥콩닥 불안 떠나고
안절부절 조급증 가라앉고
나그네의 쉼표

연민을 덜어내고
열정을 내려놓는다
네 탓은 멀리하고
내 탓을 가까이 해

집중한 뒤 배려한다
내려놓은 뒤의 환희
고통의 고요
평화의 대화

들이쉴 때
영안의 꽃잎 열림
내실 때
하늘 문 열리는 벨소리

투명 우산

많이 고맙다
삶은 그렇게 온다
추운 밤을 지나 온 새벽처럼
봄이 내리는 소리
토독 토독
아무리 말해도 고집 센 역사
도전을 지나
뒷심으로 내리는
방울을 삼키며
안전한 영역이다
몰입을 주는
하이얀 안심의 공간
봄이 왔나 보다
예술의 공간을 함께하는
투명의 사랑
가까이 볼 수 있는 확보
믿을 수 있는 미소의 공간
네가 있어 고마워

오디

땀 흘리며
정상에 올라
오디 앞에 서더니
자꾸따서 주는 루시아님
달콤하게 입안에
확 퍼지는 기쁨
–세실리아 맛나제

시골에서 산을 집처럼
다니던 어린시절의 고생이
훤하게 비추인다
중학교에 우등상으로 갈 수 있었는데
가난해서
가족을 위해 가지 못했다
공부할 동안
산과 친했고
지금까지 손자녀를 키우고!
시어머님을 모시고
평범한 여자의 일생이다

풍문에 검정고시를 해서
중학교도 나오고
고등학교 공부한대서

—축하합니다 전화를 했다
—니한테 댈라고
—하면 되지 못할 것 없어요.
대학교도
석박사도 하게 해 드리려고 문자 넣었다
인생은
계속 앞으로 나아가는 것이다

오디가 맛있으려면
자연의 섭리에 따라 되듯이
작년에는 남해 마늘이 흉년
비가 하도 와서
알맞은 햇볕
알맞은 비
알맞은 영양을 스스로에게
주어야 한다
맛있는 오디를 따서 주듯이
오늘도 사랑을 먹고 산다

빛의 고마움

만약 빛이 없다면
꿀을 모으러 와
꽃을 피우게
멋진 날개를 펼치고
벌이 올 수 있었을까

그 놀라운 순간의 환한 기쁨을
우리는 느낄 수 있을까

정직한 삶의 한줄기의 빛은
어둠 속에 있지 않고
오늘을 있게 하는
고마움

작아도 푸른 솔

언뜻 보이는 길
소나무 사이로 십자가 지신 그분
네 눈물을 씻어 주리라
하얀 구름이 시린 하늘을 포근히 감싸주고
그대여
어찌 오셨는가
울창할 때도 있었고
덩굴로 길이 없을 때도 있지

힘을 내어 수풀을 헤치고 걸어가
푸른 바다와 만나리
흐린 하늘의 그 뒤로 올라가면
눈 시린 청명한
산란하는 빛의 아름다움
언제나
빛나는 그날이 오리

폭풍이 오는 날

계곡에 물이 흐르다
잠시 멈추어 돈다

뒤돌아 오는
사랑을 담아 멈춘 사이
곧 바로 가지 못하는 블랙홀
그것은 인간의 자존심

자존심이 없으면
부딪힐 일이 없다
모두 내려놓은 사이
아름다운 화음이 된다

사랑이 되기도 하고
우선 멈춤이 예술이 된다
따뜻한 만남
슬픈 현실에서
다시 나아감의 힘이 되지

폭풍이 오는 날
모든 것이 달라져
빠르게
느리게

뜨거운 여름을 보내며

그렇게 여름은 간다
창문 밖 구름과 대화로
기나긴 더위와
해결되지 않는
염증과의 싸움
잃어버린 기억과의 투쟁
더 바라는 사랑과 남은 사랑과의 싸움
가지려는 자와 가지지 못한 자의 기 싸움
높이 오른 자와 높이 오르고 싶은 자의 갈등
다 가진 듯하나 하나도 가지지 못한 사랑
분노하는 자와 받아주는 자의 격돌
누가 바른 길 가는 길에 동행이 되어줄 것인가
깊이 묵상하는 자
동행이 되어 한 민족의 역사를 바꾸어 가리
지나친 격변하는 역사의 소용돌이 속에
누가 바른 정신으로 올곧게 서서 증인이 될 것인가
믿을 사람이 아무도 없다
아무도 없으면 딱 한사람이 되면 되지
세상을 변화시키는
대화하는 한 사람으로
주님의 제자 되어
도구가 끝나면 일상으로 되돌아 갈
하늘을 꿈꾸는
날개가 필요하다
가을을 춤추려면

세상은 다 우리의 얼

낙락장송 소나무 사이로
우울의 기분을 정리하고
공자는 정치를 접고
강을 바라보며
제자 키우는 일로 승리했지요

동료들과 어울려 잘 살게 하는
군자삼락
부유한 제자는 후원하게 하고
염화시중의 미소의 안회
증손자도 잘 키워 철학을 계승하게 해

강처럼 흐르는 세월 속에
안빈낙도
힘내어 잘 살아가
바라는 정치는 못했지만
중국을 빛내고 있어

물도 없는 태산에 인공물을 파
음양을 맞추는데
우리나라 방방곡곡 물 맑고
도 깨치기 좋은데
서로 욕하고 싸우기나 하니

오 통재라
지금이라도 늦지 않으니
우리 천재 기질을
널리 이롭게 하는데
쓰면 좋겠네

공자 사당은 중공이 다 이루었다
가르치니
우리는 조심하여
사대주의를 멈추어야 하리

중국 요순 임금도 우리 동이 족
중국은
우리 영토 임을 알고
우리 얼을 살려야 하네

구슬봉이꽃

조심스레 헤치고 나타난 미소
환한 유혹
빛의 방향에 따라
영혼의 한 조각이 달라지는 신비

가장 아름다운 하늘과
그림자와의 만남이
빚어낸 남빛 사랑

존귀한 것은
눈에 잘 띄지 않는 숨바꼭질
마음의 눈으로 보아야
첩첩산중 만남의 조화
노래와 춤의 절정
서로의 행복을 위하여
하나 되는 순간

가을 노래

누구를 위한 핏빛 사연인가
빨갛게 타들어 간 가슴 속
더 이상 감출 수 없어 드러낸 사랑이여

노오란 국화 곁에 대숲 뻗은 길 사이
조롱박 호박 오이 수세미 털머위꽃
좋아라 대한민국 기행은 꽃같은 운율이여

하늘을 통과하는 바람의 손놀림에
햇살이 나뭇가지 알록달록 흔드니
오호라 마음속 깊이 노력하는 무지개

그리움을 삼키며

세월이 갈수록
비우는 일을 해요
바다가 모두 받아들이듯이

채울수록
더 허전해지는
세상의 채움에서 벗어나
비울수록 더 커지는
하늘 사랑

맑은 삶은
에메럴드 빛과 같아
거짓의 의심도 없고
밝음만 있는
초록 새 순의 힘

사랑 그 순수하고 예쁜
나눔의 길로
매순간 가본다
사무치게 그리운 님을 생각하며
생을 삼킨다

봄 나무

용이 되어 승천하는
나무

매화를 사랑하여
시도 쓰고

매화에 인격을 넣어
그 시집이 책으로 재판되어
지금도 나오는 멋진 이유

봄에 피는
또 하나의 꽃
기품 있고 정겨운 삶

더욱 사랑하여
마음속의 뱀을 쫓아내어
승천하는
거듭 태어나는 나무

깊은 하늘
끝까지 다다르기 위해

태우고 태워서
남김없이 타는 불꽃처럼
제 자리 걸음하는
나무가 그리는 승천

|동시조| 코스모스

환하게 바람 따라 한들한들 말해요
보조개 방긋 웃는 즐거운 얼굴 내밀면
분홍이 살짝 삐치어 고개 돌려 귀여워

초가을에 온다는 파란 하늘 좋아서
하양이는 노래 부르다 만세하며 춤추고
빨강이 따라 즐거워 마음으로 응원해

|동시조| 착하자 살자

첫째는 남에는 피해 주지 않아야지요
두 번째 거짓말 하면 코가 길어져요
세 번째 공짜를 바라면 속아 넘어가요

열심히 공부해서 나날이 잘 되어요
착하게 살면 자꾸자꾸 기쁨이 샘솟아요
우리 얼 이름대로 사랑하며 살아가요

얼마나 아름다운 이 강산을 맑게 해서
하늘이 우리에게 복을 내리게 도와가며
언제나 바른 습관 매일 조금씩 쌓아가요

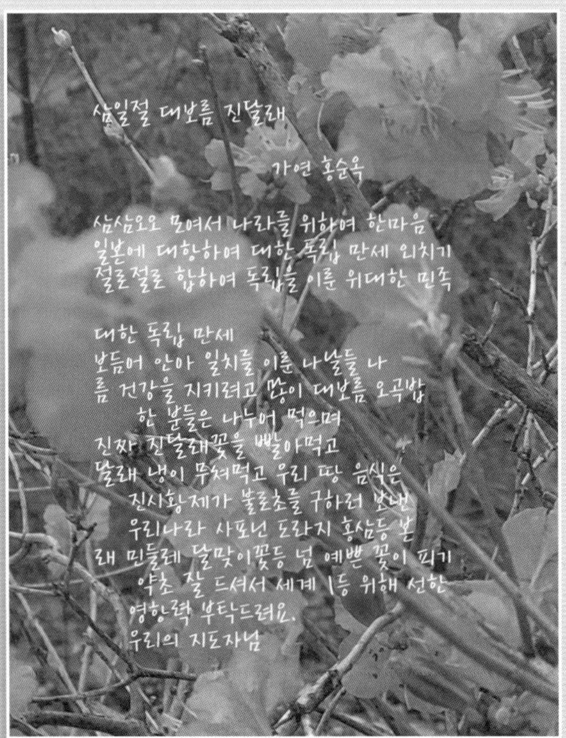
삼일절 대보름 진달래
가연 홍순옥
삼삼오오 모여서 나라를 위하여 한마음
일본에 대항하여 대한 독립 만세 외치기
절로절로 합하여 독립을 이룬 위대한 민족
대한 독립 만세
보듬어 안아 일치를 이룬 나날들 나
름 건강을 지키려고 많이 대보름 오곡밥
한 분들은 나누어 먹으며
진짜 진달래꽃을 빨아먹고
달래 냉이 무쳐먹고 우리 땅 음식은
진시황제가 불로초를 구하러 보낸
우리나라 사포닌 도라지 홍삼등 본
래 민들레 달맞이꽃등 넘 예쁜 꽃이 피기
약초 잘 드셔서 세계 1등 위해 선한
영향력 부탁드려요.
우리의 지도자님

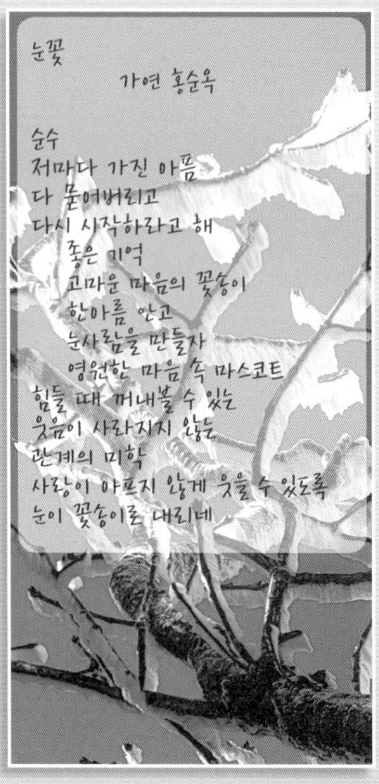
눈꽃
가연 홍순옥
순수
저마다 가진 아픔
다 묻어버리고
다시 시작하라고 해
좋은 기억
고마운 마음의 꽃송이
한아름 안고
눈사람을 만들자
영원한 마음 속 마스코트
힘들 때 꺼내볼 수 있는
웃음이 사라지지 않는
관계의 미학
사랑이 아프지 않게 웃을 수 있도록
눈이 꽃송이로 내리네

칭찬 / 가연 홍순옥
인생 전제가 오는 미소
불안으로 흔들리는 영혼을 잠재우고
마음 속 어린아이를 키워
부정을 긍정의 힘으로 나아가게 하니
너와 나의 소통이며
앞으로 나아갈 수 있는 힘이다

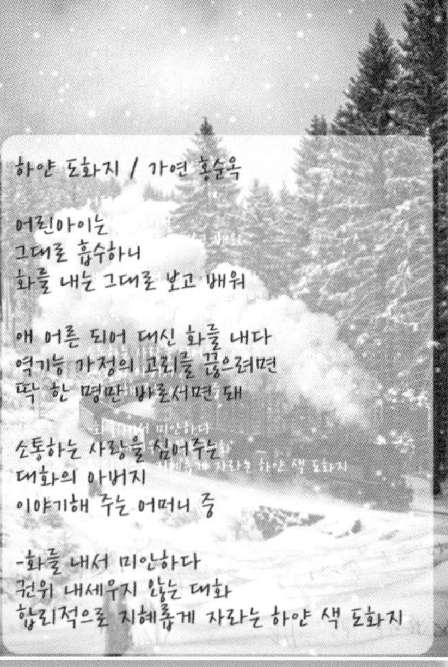
하얀 도화지 / 가연 홍순옥
어린아이는
그대로 흡수하니
화를 내는 그대로 보고 배워
애 어른 되어 대신 화를 내다
역기능 가정의 고리를 끊으려면
딱 한 명만 바로서면 돼
소통하는 사랑을 심어주는
대화의 아버지
이야기해 주는 어머니 중
-화를 내서 미안하다
권위 내세우지 않는 대화
합리적으로 지혜롭게 자라는 하얀 색 도화지

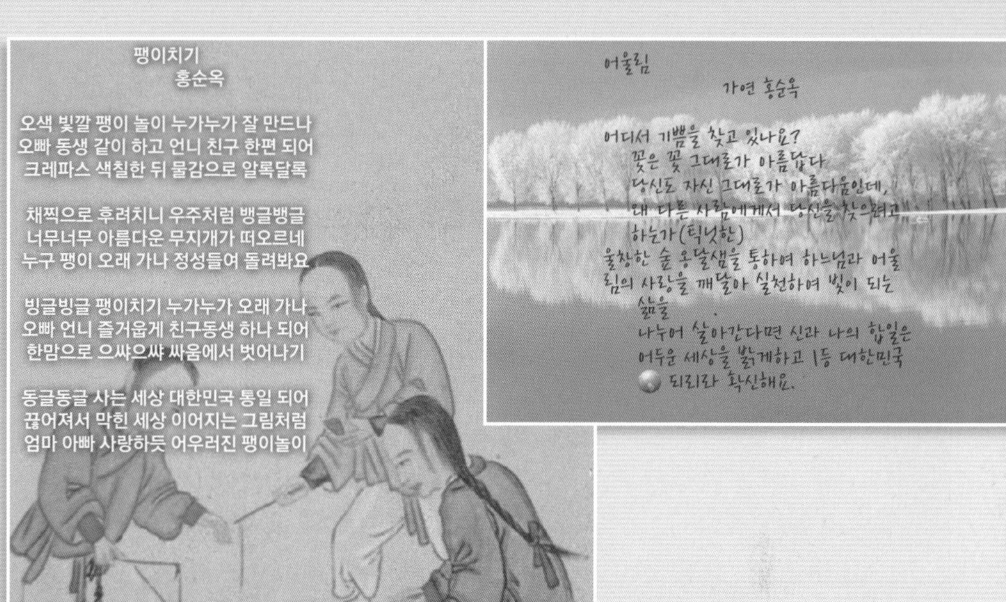
팽이치기
홍순옥
오색 빛깔 팽이 놀이 누가누가 잘 만드나
오빠 동생 같이 하고 언니 친구 한편 되어
크레파스 색칠한 뒤 물감으로 알록달록
채찍으로 후려치니 우주처럼 뱅글뱅글
너무너무 아름다운 무지개가 떠오르네
누구 팽이 오래 가나 정성들여 돌려봐요
빙글빙글 팽이치기 누가누가 오래 가나
오빠 언니 즐거웁게 친구동생 하나 되어
한맘으로 으쌰으쌰 싸움에서 벗어나기
동글동글 사는 세상 대한민국 통일 되어
끊어져서 막힌 세상 이어지는 그림처럼
엄마 아빠 사랑하듯 어우러진 팽이놀이
어울림
가연 홍순옥
어디서 기쁨을 찾고 있나요?
꽃은 꽃 그대로가 아름답다
당신도 자신 그대로가 아름다움인데,
왜 다른 사람에게서 당신을 찾으려고
하는가(틱낫한)
울창한 숲 옹달샘을 통하여 하느님과 어울
림의 사랑을 깨달아 실천하여 빛이 되는
삶을
나누어 살아간다면 신과 나의 합일은
어두운 세상을 밝게하고 1등 대한민국
되리라 확신해요.

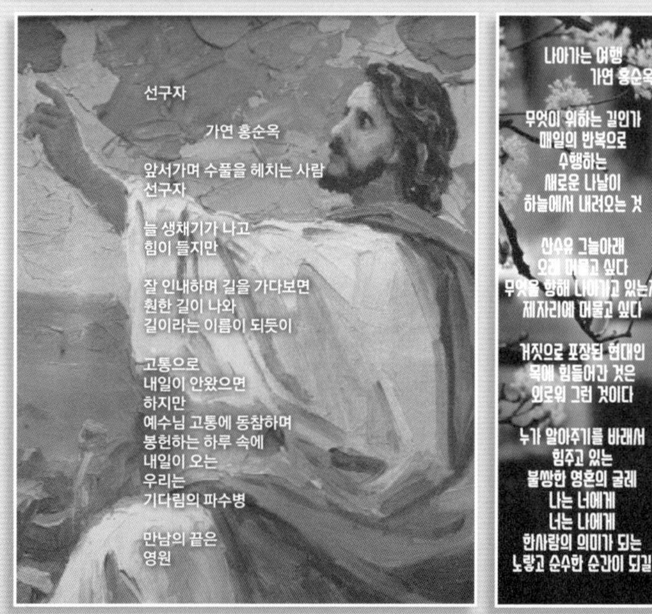
선구자
가연 홍순옥
앞서가며 수풀을 헤치는 사람
선구자
늘 생채기가 나고
힘이 들지만
잘 인내하며 길을 가다보면
훤한 길이 나와
길이라는 이름이 되듯이
고통으로
내일이 안왔으면
하지만
예수님 고통에 동참하며
봉헌하는 하루 속에
내일이 오는
우리는
기다림의 파수병
만남의 끝은
영원

나아가는 여행
가연 홍순옥
무엇이 위하는 길인가
매일의 반복으로
수행하는
새로운 나날이
하늘에서 내려오는 것
산수유 그늘아래
오래 머물고 싶다
무엇을 향해 나아가고 있는지
제자리에 머물고 싶다
거짓으로 포장된 현대인
목에 힘들어간 것은
외로워 그런 것이다
누가 알아주기를 바래서
힘주고 있는
불쌍한 영혼의 굴레
나는 너에게
너는 나에게
한사람의 의미가 되는
노랗고 순수한 순간이 되길

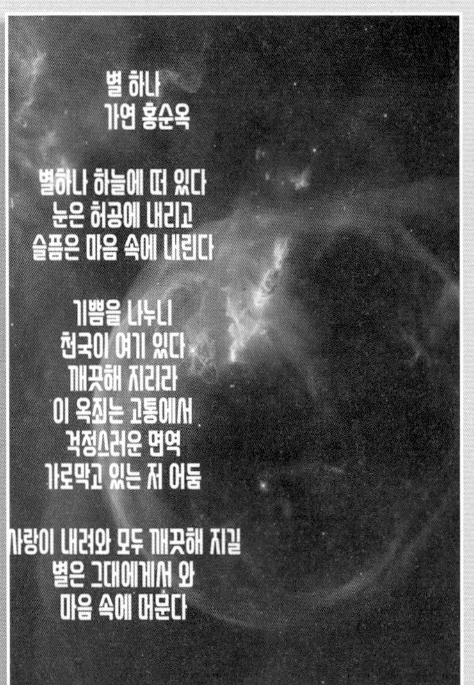
별 하나
가연 홍순옥

별하나 하늘에 떠 있다
눈은 허공에 내리고
슬픔은 마음 속에 내린다

기쁨을 나누니
천국이 여기 있다
깨끗해 지리라
이 옥죄는 고통에서
걱정스러운 면역
가로막고 있는 저 어둠

사랑이 내려와 모두 깨끗해 지길
별은 그대에게서 와
마음 속에 머문다

6월

초록의 숨결
가연 홍순옥

초록 눈빛으로
자연의 합창을 본다

보리가 익어 고개들 때
가난을 이기려고 몸부림쳤던
그 보리고개의 배고픔

고생하신 할아버지 세대에게
고마워하는
새싹들이 가득하길 빈다

10월
위로
가연 홍순옥

물위를 걷는 발자국
고통 속을 업어서 함께 가는
막막히 떠도는
저 바람 속의 집

꽃이 있어 의지가 되고
그림이 있어 행복이 된다
보랏빛 비가 내려요

촉촉한 바람이
시원하게 젖어 들어요

누구에게나 있는 사랑
누구에게나 있는 아픔
누구에게나 있는 상처

다 내려놓고
다정히 걸어가다 보면
보이는 희망

죽었다
다시 살아나
함께 살아가는
그분의 성심을 아는 것

8월
장미
가연 홍순옥

우울까지
치유해 주는
그 향기

겹겹 쌓인
매력
그 몸매

알 수 없는
마음의 표현
그 미소

반짝이는 햇살에
터지고 마는
그 웃음보

바다보다 너른 마음
가지라는 의미
그 가시

바람과 친구 되어
유혹하는
그 빛깔

11월
참회
가연 홍순옥
세월 속에서
아픔 지울 추억
길어 올린다
필요에 의해
움직여지는 사랑
그 헤엄치기를 벗어나
비우고 또 비운다
깊은 숨 쉬며
거닐다 보면
길을 열어
마침내
하나가 되는
집중의 시간

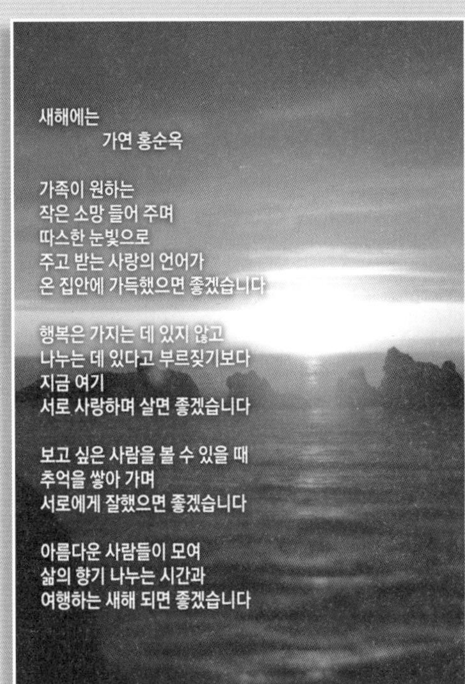
새해에는
가연 홍순옥
가족이 원하는
작은 소망 들어 주며
따스한 눈빛으로
주고 받는 사랑의 언어가
온 집안에 가득했으면 좋겠습니다
행복은 가지는 데 있지 않고
나누는 데 있다고 부르짖기보다
지금 여기
서로 사랑하며 살면 좋겠습니다
보고 싶은 사람을 볼 수 있을 때
추억을 쌓아 가며
서로에게 잘했으면 좋겠습니다
아름다운 사람들이 모여
삶의 향기 나누는 시간과
여행하는 새해 되면 좋겠습니다

12월
인연
가연 홍순옥
행복은 만족하는 것
어지러운 삶에 햇살 주고
주고 또 준다
꽃보다 예쁜
너를 통해
아픔도 가고
슬픔도 가고
함께하게 되는 치유
껴안아 살리는 목숨 같은
나와 너의 만남

산수유꽃
가연 홍순옥
영원불변의 사랑으로
봄을 알리는 너는
추운 한파를 이기고
환하게 웃으니
양귀비 보다 더
매혹적인 설레임이다

눈 속의 장미
가연 홍순옥
겨울에 핀 장미
라디오 드라마 제목같아
시린 마음 달래주느라
고개 숙여 바라보네
너와 나를 이어주는
눈이 내려 와

인생
가연 홍순옥
이해하면
사랑하게 되고
모르고 미워하면
죄 아닌게 없다
아까운 시간
낭비하지 말라
너무 친하면
질투하고
너무 멀어지면
함께 이룰 수 없다
사랑하기에도
짧은 시간
나로 인해
네가 늘 행복했으면 좋겠다

매화
가연 홍순옥
기나긴
인고의 시간
혹독한 단련을
거친 뒤
부활이다
아픔과 수난
억겁 침묵 뒤의
예비된 만남
눈부시도록
향기롭다

독수리의 비행
가연 홍순옥
화살 시위를 조준하는
하늘을 가로지르는
목표물을 향한
신속한 낙하
초고속 집중의 눈빛
뾰족한 부리
피할 수도 없는
독수리의 발톱을 피해
열심히 질주하는
산의 식구들
산 염소 바위너구리
이구아나 비둘기 박쥐
올빼미가 두더지를
겨누어 가는 포착
어느 한 일생
자연을 벗어날 수 없다
살아남기 위한
몸부림 속에서도
선한 의지로
그 생이
행복했으면 좋겠다.

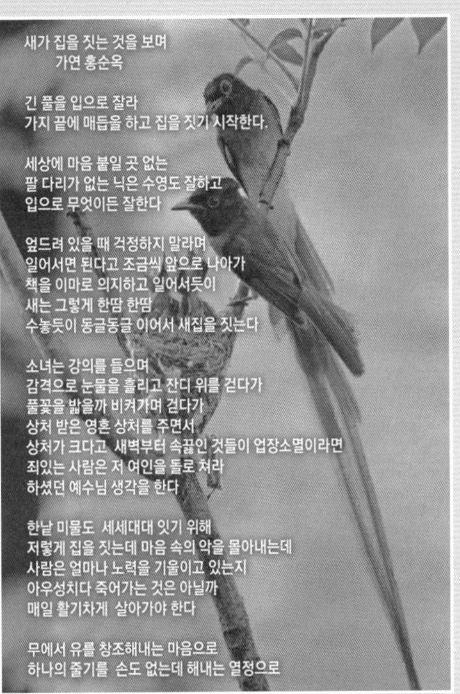
새가 집을 짓는 것을 보며
가연 홍순옥

긴 풀을 입으로 잘라
가지 끝에 매듭을 하고 집을 짓기 시작한다.

세상에 마음 붙일 곳 없는
팔 다리가 없는 닉은 수영도 잘하고
입으로 무엇이든 잘한다

엎드려 있을 때 걱정하지 말라며
일어서면 된다고 조금씩 앞으로 나아가
책을 이마로 의지하고 일어서듯이
새는 그렇게 한땀 한땀
수놓듯이 동글동글 이어서 새집을 짓는다

소녀는 강의를 들으며
감격으로 눈물을 흘리고 잔디 위를 걷다가
풀꽃을 밟을까 비켜가며 걷다가
상처 받은 영혼 상처를 주면서
상처가 크다고 새벽부터 속끓인 것들이 업장소멸이라면
죄있는 사람은 저 여인을 돌로 쳐라
하셨던 예수님 생각을 한다

한낱 미물도 세세대대 잇기 위해
저렇게 집을 짓는데 마음 속의 악을 몰아내는데
사람은 얼마나 노력을 기울이고 있는지
아우성치다 죽어가는 것은 아닐까
매일 활기차게 살아가야 한다

무에서 유를 창조해내는 마음으로
하나의 줄기를 손도 없는데 해내는 열정으로

아름다움
가연 홍순옥

아름다운 꽃은 사랑입니다.
마음을 행복하게 해 주고
오래 머물게 합니다

이슬에 젖은 자태의 순수함
세상을 정화하는 방울 하나처럼
온 세상을 밝게 합니다

사랑은 잊혀지지 않는 기억
용기를 줍니다
가진 자와 가지지 않은 자의
구별이 없습니다

영원으로 가는 문입니다
깨끗한 마음
하늘이 보이고
은은한 미소의 즐거움

하루의 깨달음으로
시작하게 하고
기뻐하며 머물게 하는
행복입니다.

그리움을 삼키며
가연 홍순옥

세월이 갈수록
비우는 일을 해요
바다가 모두 받아들이듯이

채울수록
더 허전해지는
세상의 채움에서 벗어나
비울수록 더 커지는
하늘사랑

맑은 삶은
에머럴드 빛과 같아
거짓의 의심도 없고
밝음만 있는
초록 새 순의 힘

사랑 그 순수하고 예쁜
나눔의 길로
매순간 가 본다

사무치게 그리운
님을 생각하며
생을 삼킨다

초록꽃
가연 홍순옥

꽃보다 아름다운
가을 꽃은 낙엽

낙엽 보다
더 황홀한 눈꽃

눈꽃보다 귀한
앙상한 가지 위

환하게 빛나는
초록 새순

그 신기한 설레임
내 꿈 같아라

애써 잡으려 해도
잡히지 않는
아지랑이 같은 삶

잔잔한 물살 위로
억겁의 사랑이 쌓이고
순례자의 숨결처럼
말 없는 시간이 지나간다

하나 둘 모여
숲을 이루고

작은 사랑들이 모여

불꽃
가연 홍순옥

촛불이 타서
어둠을 밝히듯

사랑의 이야기는
끝이 없어라

기쁨 슬픔 외로움
속에서
깊은 내면의 나와 통하면
영원하리

석양의 언덕에서
그리움과 회한의 눈시울
육체의 헤어짐 속에도
영혼의 만남은
통공이라

그리운 이여
기억 속에 영원하리

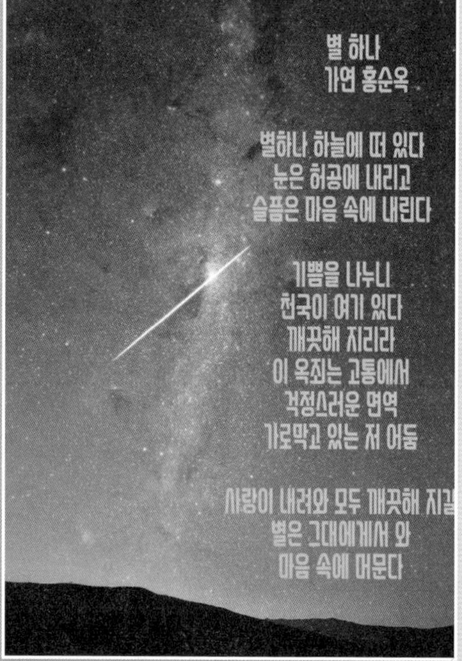
별 하나
가연 홍순옥

별하나 하늘에 떠 있다
눈은 허공에 내리고
슬픔은 마음 속에 내린다

기쁨을 나누니
천국이 여기 있다
깨끗해 지리라
이 옥죄는 고통에서
걱정스러운 면역
가로막고 있는 저 어둠

사랑이 내려와 모두 깨끗해 지길
별은 그대에게서 와
마음 속에 머문다

초봄의 풍경
가연 홍순옥
끝 겨울
눈이 아직 녹지 않은 강
누구나 설레이지요
뾰족한 마음도
새싹의 마음으로
삐쭉대는

행복한 삶
가연 홍순옥
친하지 않으면
상처를 주고 받지 않아
서서히 정이 들고
그 사람이 아니면 안되어
구름 위를 걷는 듯
결혼하여
자녀를 낳아
첫마음으로 사랑하며
꿈을 나누는 소통은 행복하지
세상의 성공 욕망을 채우기 위해
자녀를 옥죄고
사랑이란 이름으로
지친 나날이 된다면
소통은 끊어지고
아프게 한 일 수 만큼
아파야 하리
돌고 돌아 자신에게로
오는 것
열심히 어루만지며
비우며
낮은 풀 처럼
흐르는 물로 살아갈 때
행복해지는
꿈의 일생

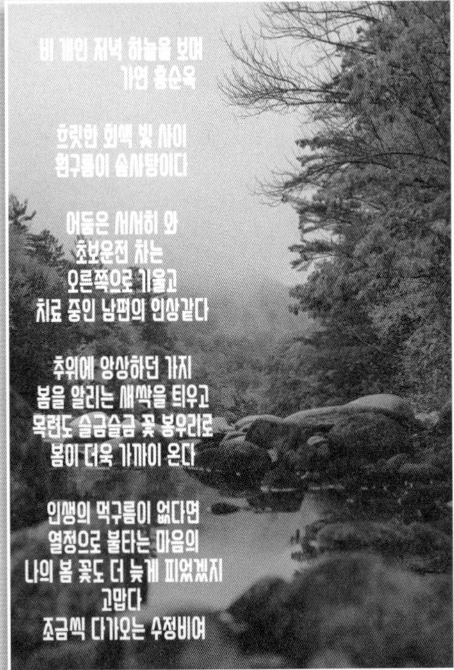
비 개인 저녁 하늘을 보며
가연 홍순옥
흐릿한 회색 빛 사이
흰구름이 솜사탕이다
어둠은 서서히 와
초보운전 차는
오른쪽으로 기울고
치료 중인 남편의 인상같다
추위에 앙상하던 가지
봄을 알리는 새싹을 틔우고
목련도 슬금슬금 꽃 봉우리로
봄이 더욱 가까이 온다
인생의 먹구름이 없다면
열정으로 불타는 마음의
나의 봄 꽃도 더 늦게 피었겠지
고맙다
조금씩 다가오는 수정비여

이승현 시인님
가연 홍순옥
이리 아름다우실 수 있나요. 지덕체
승리하는 기쁨입니다.
현모양처 안의 해 축하드립니다.
오래 행복하세요.
이제와 항상 영원히 세세대로
성가정 이루시고 복 되소서

연꽃
가연 홍순옥

진흙 속
그 오랜 기다림 끝에
아니
더는 기다릴 수 없어
물 위로 고개드는
순백의 사랑이여

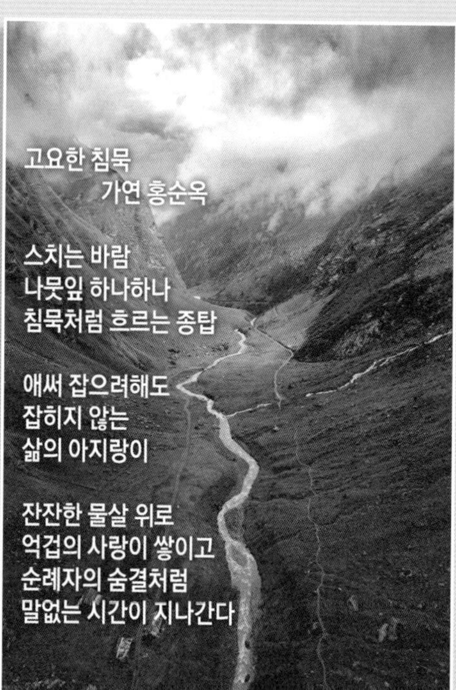
고요한 침묵
가연 홍순옥

스치는 바람
나뭇잎 하나하나
침묵처럼 흐르는 종탑

애써 잡으려해도
잡히지 않는
삶의 아지랑이

잔잔한 물살 위로
억겁의 사랑이 쌓이고
순례자의 숨결처럼
말없는 시간이 지나간다

멋진 부활
가연 홍순옥

어두움을 뚫고
새 생명을 내는 새순처럼
어둔 동굴을 지난 햇살 처럼
문 앞에서 문안으로 들어가는
우리

죽음에서 부활한 우리 마음
목숨 바쳐 사랑을 주시는
양심 속의 주님을 깨닫는
예수님의 사랑
길이요 진리요 생명이라
그분을 거치지 않고는
아무도 아버지께 갈 수 없어

이 글을 보는 모든 이와
대한 민국이 거듭나고
세계가 거듭나서
자신을 위하기만 하는
모든 이기심이 사라지고
진짜 자기의 모습으로 돌아오는
그 깨닫는 순간의
은총을 청하오며

입으로 사랑하지 않고
마음으로 온전히 사랑해요

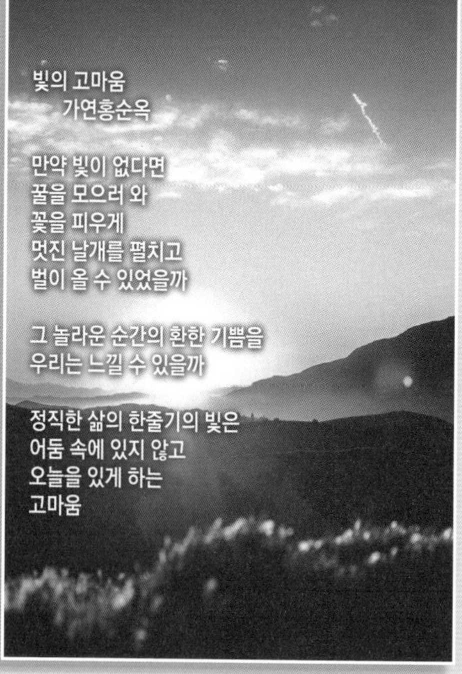
빛의 고마움
가연홍순옥

만약 빛이 없다면
꿀을 모으러 와
꽃을 피우게
멋진 날개를 펼치고
벌이 올 수 있었을까

그 놀라운 순간의 환한 기쁨을
우리는 느낄 수 있을까

정직한 삶의 한줄기의 빛은
어둠 속에 있지 않고
오늘을 있게 하는
고마움

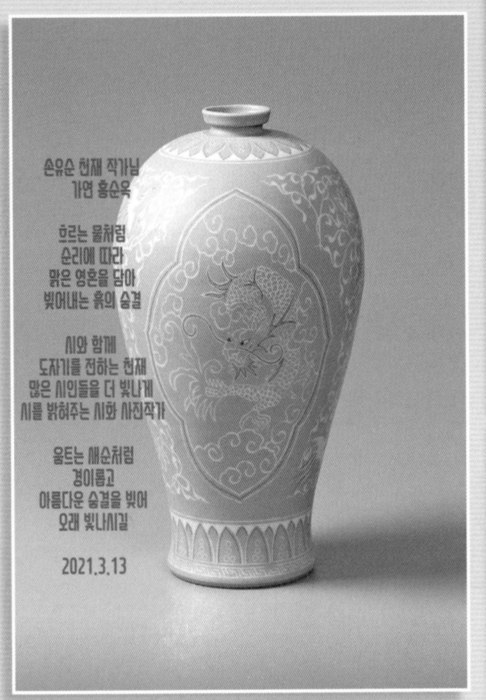
손유순 천재 작가님
가연 홍순옥

흐르는 물처럼
순리에 따라
맑은 영혼을 담아
빚어내는 흙의 숨결

시와 함께
도자기를 전하는 천재
많은 시인들을 더 빛나게
시를 밝혀주는 시화 사진작가

움트는 새순처럼
경이롭고
아름다운 숨결을 빚어
오래 빛나시길

2021.3.13

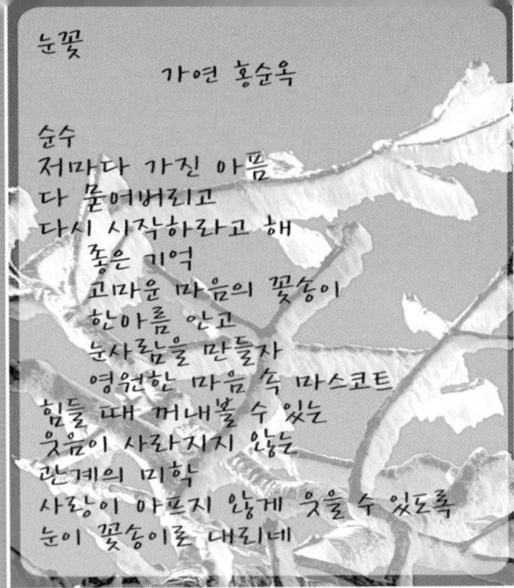
눈꽃
가연 홍순옥

순수
저마다 가진 아픔
다 묻어버리고
다시 시작하라고 해
좋은 기억
고마운 마음의 꽃송이
한아름 안고
눈사람을 만들자
영원한 마음 속 마스코트
힘들 때 꺼내볼 수 있는
웃음이 사라지지 않는
관계의 미학
사랑이 아프지 않게 웃을 수 있도록
눈이 꽃송이로 내리네

복수초
가연 홍순옥

산등성이
봄을 알리는 너는

추운 한파를 이기고
환하게 웃으니

양귀비 보다 더
매혹적인 설레임이다

사람들은 왜 모를까
가연 홍순옥

인생이 길지 않고 짧다는 것을
사람들은 왜 모를까

다정하게 해 주는 것이
황금보다 귀하다는 것을

깊이 간직한 사연
자꾸만 위해주는 따뜻한 보답으로
운명같은 행복이 오는 것을

칭찬 / 가연 홍순옥

인생 전체가 오는 미소
불안으로 흔들리는 영혼을 잠재우고
마음 속 어린아이를 키워
부정을 긍정의 힘으로 나아가게 하니
너와 나의 소통이며
앞으로 나아갈 수 있는 힘이다

홍순옥 시선집 제2집

울창한 숲 속

옹달샘

인쇄 : 2022년 2월 28일
발행 : 2022년 3월 02일

시은이 : 홍순옥
펴낸이 : 홍순옥
펴낸곳 : 시와창작 / 도서출판 옹달샘
편집위원 : 이효정 이사
발행처 : 도서출판 한국인
기획·제작 : 도서출판 부산문학
주소 : 경남 창원시 성산구 대정로 79, 4층 402호
(남양동, 성원1차아파트 목욕탕상가)
CACILIA 음악치료
전화 : 010-6657-6596
전자우편 : cecilia85@hanmail.net
출판등록 : 제2021-000006호

ISBN 978-89-94001-87-6(03800)
정가 12,000원